메께라

열/린/시/학/정/형/시/집 187

메께라

임채성 시조집

고요아침

시인의 말

/

알맹이는
어디 갔나?
껍데기만
무성한 봄날

애기동백
목을 떨군
올레, 올레
톺아가며

씻김의
해원상생굿
그 축문을
외고 싶다

2024년 봄
임채성

차례

/

시인의 말 05

제1부 사월을 걷다

제주 동백 13
올레를 걷다 14
사월의 환幻 15
다시, 사월에 16
4월, 동백동산 18
백록의 눈물 20
고사리장마 · 1 21
고사리장마 · 2 22
고사리장마 · 3 23
그래도, 봄 24
관덕정 돌하르방 25
탕, 탕, 탕 26
애기동백 27
바벨의 섬 28

제2부 사라진 얼굴들

그리하여 그들은 산으로 갔다	33
그해 겨울의 눈	34
빌레못굴 연대기	35
성산봉 일출	39
터진목에서	40
한모살	42
돈내코	44
소남머리	45
정방폭포 지노귀	46
선수머셋굴 앞에서	48
다랑쉬굴 일기	50
구럼비 해안에서	52
목시물굴의 별	53
보호수만 사는 마을	54

제3부 적록색맹이 되어

건천乾川	57
가시리	58
가을, 사려니	60
불不	62
산물	64
산천단 곰솔	66
다랑쉬 노을	68
송령이골 억새	69
아끈다랑쉬	70
이덕구산전을 찾아서	72
북받친밭	74
영하의 여름	76
조간대	78
다섯 그루 팽나무	79

제4부 누가 누굴 벌줄거나?

엉또폭포	83
가을, 항파두리	84
알뜨르 개망초	85
무명천할머니길	86
만뱅디 묘역에서	88
백조일손지묘	89
너븐숭이	90
너븐숭이 애기무덤	92
북촌 오돌또기	94
곤을동을 지나며	96
서우봉 휘파람새	97
쥐불놀이	98
소드방놀이	100
표선	102

제5부 혼魂은 땅으로, 백魄은 하늘로

겨울에서 봄으로	107
검정 고무신	108
송악산 까마귀	110
마라도 가는 길	111
물의 딸	112
불가분낭	114
사라오름	115
새별오름 방애불	116
자구내 해넘이	117
남극노인성	118
범섬	119
모슬포	120
해원방사탑 앞에서	122
한라산 철쭉제	124

해설_4·3의 '역사적 서정'과 씻김의 해원상생굿
  /고명철   125

제1부

사월을 걷다

제주 동백

바람에 목을 꺾은 뭇 생령이 나뒹군다

해마다 기억상실증 도지는 봄 앞에서

상기된 얼굴을 묻고
투신하는 붉은 꽃들

죽어서 할 참회라면 살아서 진혼하라

산과 들 다 태우던 불놀이를 멈춘 섬이

지노귀 축문을 외며
꽃상여를 메고 간다

올레를 걷다

걸음발이 무직하다
순례인 듯 답사인 듯

무너진 산담 앞의 풀꽃들과 눈 맞추며
4·3조, 때론 3·4조로 톺아가는 제주 올레

총탄 맞은 자국일까
창칼에 찔린 상처일까

온몸에 흉터를 새긴 현무암 검은 돌담
섬 휩쓴 거센 불길에 숯검정이 됐나보다

오름을 감아 돌다
바다로 틀어진 길

바람이 봄을 밀고 골목 안을 배회할 때
팽나무 굽은 가지가 살풀이춤 추고 있다

사월의 환幻

한라산 털진달래 핏빛 뚝뚝 떨구는 날
삼보일배 걸음으로 사월 올레 걸어본다
조랑말 간세다리가
게름 한껏 피우는 길

돌하르방 퉁방울눈 이슬에 젖어 있다
성산포 터진목에서 북촌 너븐숭이까지
밟혀도 일어선 풀들 증언하듯 도열하고

잊어라, 잊어라 해도 어제처럼 생생한 밤
오름 아래 마을들이 달집처럼 태워지고
산에 간 이웃 삼촌은 거적에 싸여 돌아왔다

백발의 뻴기 꽃이 산담 앞을 지키고 선
통점痛點의 언저리를 숨죽이며 더듬을 때
봉인된 기억의 빗장
시나브로 풀어진다

다시, 사월에

동백 지는 봄을 맞는
섬은 늘 겨울이다

멍이 든 잎새마다 고개 숙인 사월 앞에

연북정 옹성 축대가
북쪽으로 기운다

대답 없는 안부 같은 목청만 가다듬다
가납사니 뜬소문에 주저앉은 산과 오름

뭍 향한 무언無言의 절규
파도마저 목이 잠기고

오천만이 절을 하면
하얀 목련 촛불을 켤까

태풍에도 지지 않을 꽃 한 송이 기다리듯

고사리 어린 상주가
조막손을 모은다

4월, 동백동산

하르방은 피라 했고, 할망은 불이라 했다

추깃물에 목을 적신 까마귀 헛바닥처럼

울 아방 산담을 따라
비명처럼 지는 꽃들

붉은 꽃잎 어디에나 검은 멍이 들어 있다

그 겨울 시반屍斑 같은 들고양이 호곡소리

곶자왈 야만의 숲이
바람도 없이 출렁인다

화산도의 눈물인 듯 마르지 않는 먼물깍*

벙글다 진 꽃봉오리 두 손으로 받쳐 들면

봄볕에 말문이 트인
동박새가 홰를 친다

* 제주시 조천읍 선흘리 동백동산의 가장 큰 습지.

백록의 눈물

백록!
백록!
부르다 보면 가슴께가 젖어든다
날 세운 바람 앞에 안으로만 삼킨 눈물
뿔 꺾인 사슴 한 마리 산담에 갇혀 산다

백 번은 올라서야 흰 사슴을 본다던가
잡풀은 스러지고 민머리로 남은 봄을
천 번에 천 번을 와도 볼 수 없는 사람아

비울 것 다 비워서 하늘마저 궁근 사월
산철쭉 송이송이 붉은 혀 빼어 물면
활화산 분화의 기억 잠든 산을 깨운다

움푹 팬 정수리를 내리치는 천둥소리
까마귀 목쉰 울음 산을 타고 흘러내릴 때
눈 퉁퉁 고사리마가 눈물 왈칵 쏟고 있다

고사리장마 · 1

애기동백 털진달래
꽃불 지핀 사월이면

식은 잿불 다시 일까
소방호스
드리운 하늘

화산도 봄의 제단이
장대비에
젖고
젖네

고사리장마 · 2

육순 칠순 다 지나도록
긋지 않는 눈물이 있네

산밭뙈기 일구려다 산사람이 되어버린
울 아방 목쉰 울음이 피에 젖던 곡우 무렵

올레 안 울담마저 재가 된 그날 이후
화산섬 산과 들이 꽃밭 밀밭 일구어도
까맣게 타버린 돌엔 화색 다시 돌지 않고

이제 그만 잊으라고
관 뚜껑을 덮으라고

죽창같이 여문 햇살 중산간을 돌아올 때
고사리 어린 손들도 손사래를 치고 있다

고사리장마 · 3

산새도 바닷새도 사월엔 노래를 접네
피멍 든 동백 꽃잎 검게 지는 섬의 봄날
삽시에 터지는 울음
이른 장마 예보하네

사라지는 이름들과 살아지는 빗돌 사이
술 한 잔 받지 못한 봉인된 산담 앞에
그 누가 하얀 뻘기꽃
몰래 피우고 갔을까

한라산 고사리는 제사상에 올리지 마라
핏물과 추깃물에 살진 그 몸 씻으란 듯
하늘도 정수리 위로
동이물을 쏟고 있네

그래도, 봄

서북의 하늘빛이 핏물 뚝뚝 떨굴 동안
뒤돌아 얼굴을 묻는 동남쪽 오름과 바다

스스로 칼이 된 달이
어둠의 살 겨냥한다

한라산 까마귀야, 상복은 언제 벗을래?
애기동백 가지 끝에 세를 든 동박새가
꽃술에 거꾸로 매달려 물음표를 그리고

된바람 기척만 나도 머리를 풀던 구름
한라산 고사리밭에 용울음을 쏟을 때면

속까지 타버린 섬이
불을 물고 일어선다

관덕정 돌하르방

보고도 못 본 듯이
멍에 하나 지고 산다

자식 잃고 아내 잃고 눈물마저 앗긴 세월

그 천형 씻을 수 없어
청맹으로 살아간다

끊어진 시신경을
깁고 잇고 맞춰보면

퉁방울 두 눈에도 봄 햇살이 환히 들까

먼바다 파도 소리가
가슴골을 할퀸다

탕, 탕, 탕

느닷없는 총소리가 화산섬을 들깨웠다
기마대 말발굽이 무심코 일으켜놓은
사이렌 흙먼지 앞에 꼬리를 사린 봄날

쑥물 든 오름마다 봉홧불이 타오르고
주인 없는 초집까지 날려 오던 불티들
바람은 파도를 몰고 산을 톺아 올랐다

낮과 밤 언저리를 숨죽인 채 헤매 돌다
해도 달도 들지 않는 굴속에 몸을 뉘면
생솔과 고춧대 연기 사냥개처럼 달려들고

붓기 아직 빼지 못한 눈 퉁퉁 돌하르방
그날의 탄흔 같은, 어쩌면 흉터도 같은
다공증 곰보 가슴이 고사리마에 젖는다

애기동백

핀다고
그냥 피리까?

진다고
마냥 지리까?

망각의
봄을 깨워

피울음으로
다시 붉으리까?

화산도
불의 제단에
무엇을 더 바치리까?

바벨의 섬

고향이 다른 말은 낯가림도 심하다던가
뭍에서 온 청년들과 풀을 베던 섬 사내가
봄 지나 여름으로 가던 숲길에서 마주쳤다

—혼저옵서, 예꺼정 오젠 촘말로 폭삭 속았수다
—무시기? 속긴 뭘 속아, 그딴 말에 내래 쉬 속간? 재별스런 말퇴 쓰는 니는 뉘기야? 어드래 뽕오라지서 실실 내려옴둥? 날래 답해 보라우, 뉘기랑 있다 왔슴둥? 순순히 알쾌주면 안 삽하게 놔 주갔어
—메께라! 무사 말이우꽈? 경 또리지 맙서*

방점을 찍지 못해 허공으로 날린 말들
귀 울린 바람처럼 소리마저 스러진 후
마을은 불길과 함께 적막에 휩싸였다

* 제주도 방언과 평안도 방언.
― 어서 오세요. 예까지 오느라 정말 수고 많았습니다.
― 뭐라고? 속긴 뭘 속아, 그런 말에 내가 쉽게 속을 줄 알아? 이상하게 말하는 넌 누구야? 어째서 산봉우리에서 슬슬 내려오는가? 어서 대답해. 누구랑 있다 왔어? 순순히 알려주면 고이 보내줄게.
― 아이고! 무슨 말입니까? 그렇게 때리지 마세요.

제2부

―

사라진 얼굴들

그리하여 그들은 산으로 갔다

바람을 탄 들불이
섬을 온통 휩쓸었다

낮에는 뭍을 향해 해풍이 휘몰아쳤고
밤에는 산풍이 불어 불길을 더 키웠다

바람막이 하나 없는 초집은 태워지고
매캐한 목소리엔 그을음이 묻어있다
마을엔 불티를 피할 언덕조차 없었다

사람과 사람 사이
다시 세운 환해장성

집을 잃은 삼촌들은 다시금 길을 잃고
설문대 할망을 찾아 산으로 올라갔다

몇 차례 해를 바꿔 산신당에 봄이 와도
산에 든 사람들은 그대로 산이 됐는지
그 봄날 꽃불만 같은 진달래만 붉었다

그해 겨울의 눈

눈 덮인 한라산은
소복 입은 여인 같다

노루도 발이 빠져 오도 가도 못하는 길을
허기로 감발을 한 채 숨 가삐 뛰던 이들

허공 찢는 총성 앞에
메아리도 비명을 지르고

언 가슴을 후려치던 혹한의 바람 소리
점점이 붉은 피꽃이 눈꽃 속에 피어났다

산으로 간 사람들은
돌아올 줄 모르는데

먼 봄을 되새김하듯 겨울은 다시 와서
곱다시 뼛가루 같은 하얀 눈이 내린다

빌레못굴* 연대기

1.
대지도 물김 뿜는 화산도의 숨찬 겨울
녹이 슨 쇠살문이 불침번을 서고 있다
선사의 푸른 달빛이 결빙된 연못가에

한 굽이 돌아들면 가슴 시린 바람 소리
역사의 앞마당에 들지 못한 기억들이
억새풀 줄기를 잡고 혼불처럼 일렁인다

2.
꺽짓손 설문대할망 불구덩이 잠재우면
한라산 자락 따라 살아 뛰던 푸른 맥박
태초의 어둠을 쫓는 아침 해가 솟았다

물과 불 그 경계를 넘나들던 맨발 자국
폭풍우도 눈보라도 온몸으로 그러안은
수천 년 묵언의 시간 화석으로 기록되고

곰 노루 울음마저 굳어버린 지층 아래
탄화된 씨족사氏族史가 돌무지로 깨어날 때
구석기 돌도끼 몇 점 해와 달 겨누었다

3.
수렵시대 잔해 같은 살육의 불씨 한 점
옛 주인 가고 없는 동굴 속에 되살아나
바다도 하늘과 함께 핏빛으로 물들였다

초가집은 태워지고 마을은 또 지워졌다
낮과 밤 두지 않던 생사의 가름 앞에
칡매끼 얽히고설켜 짧기만 했던 목숨줄

동굴 속 미로에도 깨지 못할 벽은 있어
미쳐 뛰는 구구총 소리 산 쪽으로 돌려놓고
핏발 선 동공에 맺힌 붉은 눈물 쏟았다

아비가 아들을 묻고 할망이 산담을 쌓는

선대先代의 주름살이 산과 들을 뒤덮어도
탐라의 제사상에는 지방紙榜조차 쓰지 않고

천둥이 칠 때마다 몸을 움찔 떠는 동굴
빌레못에 갇혀 우는 시간의 살 밑으로
용암은 출구가 막혀 속으로만 끓었다

4.
청맹과니 유물 캐듯 헛손질에 부은 목젖
봉인된 메아리가 실어증을 벗어날 쯤
까마귀 목쉰 울음이 물소리로 잠긴다

식민지 흉터 위에 막소금을 뿌리던 땅
야만의 어둠 걷는 볕은 아직 희미해도
다시금 새봄을 여는 저 야성의 숨비소리

빗돌 하나 겨우 세운 굴은 차츰 무너져도
수평선 휘적시는 까치놀의 문신 같은

동굴 속 연대기 한 장 축문 짓듯 쓰고 싶다

* 제주시 애월읍 어음리에 있는 용암 동굴. 석기, 동물화석, 숯 등이 발견된 구석기시대 유적지이자 제주 4·3 당시 인근 주민 29명이 희생된 학살 현장.

성산봉 일출

오늘도
폐허 위로
봉홧불이 오른다

머리 잘린 산 그림자
곤두박인
핏빛 바다

테우리 목쉰 울음이
터진목*에 흥건하다

* 제주 4·3 당시 성산지역 주민들이 집단으로 희생된 4·3유적지.

터진목에서

현무암 빛 침묵만이 물과 뭍 덮고 있는
광치기 해변에서 소지燒紙 한 장 사른다
갈매기 붉은 눈빛에 옷깃 다시 여미며

하루도 쉬지 않고 곡소리를 내는 바다
고추뿔 세운 파도 벼락 치듯 달려들고
바람은 바위를 깨워 피리를 불게 한다

얼마만큼 사무쳐야 이름에도 피가 밸까
붓고 아픈 목이 아닌 터진 목, 터진목이라니
내 목도 피가 터진 양 울대가 뜨거워지고

유채꽃 감자 꽃이 갈마들며 피던 마을
삼월의 꽃샘인지 사월의 잎샘인지
그해 봄 불의 태풍은 눈물마저 태웠다

제 가슴 밑바닥을 저미는 기억 앞에
한낮에도 일출봉은 그늘만 드리운다

언제쯤 말문을 열까, 실어증에 빠진 하늘

시대의 염습殮襲 같은 갈파래 융단 위로
수장된 시간들을 보말 줍듯 건져내면
수평 끝 남극노인성 피멍울을 씻고 있다

한모살*

　누구는 당캐라 하고
　누군 또 당포라던

　넓디넓은 백사장에 화약 연기 자욱한 날

　산 넘은 겨울바람은
　칼끝보다 매서웠네

　한라산 세명주할망 눈 감지 못한 바다
　표선리와 가시리에서 토산리 의귀리 한남리 수망리
세화리 성읍리까지 매오름과 달산봉을 타고 내린 눈물
들이 웃말개미 천미천 지나 남초곶 해신당으로 휘뚜루
마뚜루 흘러들어 포말로 흩어질 때
　　조간대 갯것들에는 피 냄새가 묻어있네

　상군해녀 물질로도
　건지지 못한 혼불

부러진 죽창 위에 지노귀굿 기를 달면

까치놀 서녘 하늘이
제사상을 진설하네

* 제주 4·3 당시 표선면과 남원면 일대 주민들을 총살하던 표선리 백사장.

돈내코

원앙폭포 앞에 서면
가슴부터 젖어든다

여울에선 옛사랑도 발목이 꺾인다고
난대림 원시의 숲이 한 발 뒤로 물러선다

산돼지와 산사람만 몰래 찾던 계곡에는
꽃잠 꾸는 눈빛들이 무지개를 타고 앉아
카메라 뷰파인더 창에 긴 하루를 가둔다

풀리지 않는 봉인처럼
해가 들지 않는 숲속

발가벗겨 끌려나간 첫날밤을 진혼하듯
비췻빛 원앙의 날개 물소리로 파닥인다

소남머리

천 년을 하루같이 울면
네 눈물이 마를까?

한라의 가슴팍을 하염없이 타고 내려
막다른 해안 절벽에 절명시를 쓰는 이여

그날의 포승 같은 뿌리 하나 끊지 못해
정방폭포 벼랑 끝에 뿌리박은 솔 한 그루
바람의 비명소리를 가지마다 걸고 있다

서복徐福*은 죽어서도 전설로 부활하고
살아있는 아픔들은 바다로만 밀리는데

불로초, 불로초 같은
물소리는 끝이 없다

* 진시황의 명에 따라 불로초를 구하려 왔다는 중국 진나라 때의 방사(方士). 서불(徐市)이라고도 함. 정방폭포 위쪽 소남머리 옆에 서복기념관이 있다.

정방폭포 지노귀

주상절리 지층처럼 켜로 쌓인 세월 앞에
울음인 듯 하소인 듯 물소리를 듣는다
씻김의 해원상생굿
그 화해의 축문을

시나브로 귀에 이는 그날의 아우성들
가슴속 서로의 멍울 다독이고 쓸어주며
지노귀 지노귀새남
갈매기도 목이 쉰다

수천수만 발자국에 못내 밟힌 돌덩이가
카메라 초점 밖에서 파도에 젖을 동안
절벽 위 소남머리*에도
촛불 하나 켜지고

물보라로 일어서는 저 참회의 비손 행렬
봉인 풀린 눈물들이 폭포수로 쏟아질 때
불로초 뚝 꺾은 봄이

비척대며 오고 있다

* 제주 4·3 당시 산남 최대의 집단 학살터. 정방폭포 위쪽에 위치.

선수머셋굴* 앞에서

들불이 휩쓴 땅에 노루 일가 살고 있다
행여나 누가 올까, 귀를 쫑긋 세워 들고
풀잎에 바람만 스쳐도 소스라쳐 몸을 떨며

수백 년을 버텨 섰던 팽나무도 쓰러진 들
집터마저 허물어진 전설 같은 마을에는
국방색 억새풀 무리 밭담 앞에 키를 잰다

금줄이 채워지듯 거먕 노을 덮는 어둠
수장된 소문들이 오름 위에 달로 뜨면
하도리, 종달리 바다는 시퍼렇게 멍이 들고

그을린 뼈들 중에 반골이 있었을까
해토머리 밭을 일굴 호미 괭이 쇠스랑뿐
동굴 안 어느 구석에도 총은 뵈지 않았다

올레꾼도 찾지 않는 섬의 가장 뒤꼍에서
굴에 갇힌 사람들을 추억하듯 헌화하듯

살그니 고개를 숙인 개망초 하얀 꽃잎

거만한 침묵 아래 굴은 끝내 메워지고
저만은 떠나지 못해 글썽해진 노루의 눈
다랑쉬 그 봉분 앞에 술 한 잔을 따른다

---

* 1948년 12월 18일 하도리와 종달리 주민 11명이 희생된 다랑쉬 굴의 원래 이름.

다랑쉬굴 일기

1948년 12월 12일 흐림

집을 언제 떠났는지 기억이 가물거려요
위·아랫담 이웃들이 왜 여기 모였는지
잿빛의 서녘 하늘은 아무 말이 없네요

불을 피한 멧새들이 별을 좇는 이 저녁도
혜식은 재를 뒤져 구워내는 지슬 몇 알
어둠 속 까만 눈들이
허기로 반짝여요

1948년 12월 15일 맑음

열한 명만 남은 굴은 한 식구가 되었어요
돼지 먹이 주러 나간 아주망과 아주방들
함께 간 아방 어멍은 돌아오지 않는데

구석자리 웅크린 채 녹이 슨 호미 괭이
한라산 설문대할망 눈 귀 막은 겨울 지나
흐너진 밭담 안에도
봄볕 다시 내릴까요?

1948년 12월 18일 흐림

밝은 데로 나설수록 등줄기가 서늘한 땅
궤도 잃은 별똥별이 오름 위로 떨어질 때
선잠 깬 아침을 찢는 단말마의 총소리

뒤를 이은 새된 외침, 다랑쉬를 울리네요
고춧대 생솔 연기 굴을 집어삼켜요
이제는 마지막이우다
잘 살암십서,
살, 암, 십, 서…

구럼비 해안에서

이제는 멜과 자리*
오월에도 뵈지 않는다
만선을 꿈꾸던 배는 어디론가 다 떠나고
파도는 테트라포드에
발이 묶여 잠들었다

썰물이 질 때마다
환상통을 앓는 바다
별빛 달빛 쫓아버린 탐조등 불빛 앞에
난만히 노을에 취한
갈매기도 날지 않고

아직껏 떠나지 못한
어리보기 범섬 향해
너럭바위 추념하듯 띄우는 테우 한 척
강정천 굽은 어깨가
레이더에 잡혀 떤다

* 멸치와 자리돔.

목시물굴*의 별

아버지는 집에 남은 돼지만 생각하셨다

삼촌들은 캐지 못한 고구마가 걱정이었다

동네가 다 모였다며 하르방은 웃으셨다

거적을 깐 바닥에선 겨울이 스멀거렸다

서로 맞댄 등마루가 온돌처럼 따스했다

어둠 속 초롱한 눈빛, 별을 닮아 있었다

굴 어귀 옻 잎에도 선홍빛 해가 비쳤다

혼이 빠진 총소리가 생솔 타는 소릴 냈다

후드득 별이 떨어진 참 맑은 아침이었다

* 1948년 11월 25일, 토벌대에 의해 약 40여 명의 희생자를 낸 조천읍 선흘리 소재 4·3유적지.

보호수만 사는 마을
— 무등이왓 팽나무*

자동차 불빛에도 소스라쳐 잠을 깬다
마른번개 번쩍이던 삼밭 구석 우영밭이
대지른 군홧발 아래 묵밭이 된 그날부터

곡조차 할 수 없는 무등이왓 이웃들이
큰넓궤와 도엣궤로 밤도와 떠날 적에
먼발치 도너리오름도 몸을 잔뜩 웅크렸다

외줄기 섬광처럼 어둠을 찢던 비명
개 짖는 소리마저 불타버린 마을에는
칡넝쿨 환삼덩굴이 옛 자취를 지우고

꽃샘 잎샘 지난 봄날 잎 다시 푸르러도
다시는 볼 수 없는 그늘에서 쉬던 이들
무너진 돌담 너머로 까치놀만 우련하다

* 제주 4·3 당시 중산간마을 소개작전으로 파괴된 서귀포시 안덕면 동광리의 자연마을인 무등이왓 터에 홀로 서 있는 수령 약 500년 된 팽나무.

제3부

적록색맹이 되어

건천乾川

냇바닥에 귀를 대면 물소리가 울려온다

바람 타는 섬에서는 울음 뵈지 말라시던

어머니 흐느낌 같은
숨죽인 당부도 같은

화산 밑 마그마처럼 마르지 않는 눈물샘

들불 다시 번질세라 정낭을 걸어 봐도

장맛비 큰물이 질 때
함께 목을 놓는다

가시리*

그대 빈 들녘에도 사월의 산담이 있어
가시밭 한뎃길에 나를 두고 가시나이까
곶자왈, 곶자왈 같은
뙈기밭도 못 일군 채

조랑말 뒷발질보다 사람이 더 무섭다고
행기머체 찾아가는 갑마장길 오십 리에
따라비 따라비오름
바람만 우~ 따라오네

막으려고 쌓으셨나, 가두려고 두르셨나
긴 잣성 허물어도 해제 못한 옛 소개령
억세게 머리 센 억새
기다림은 끝이 없네

하늘빛이 깊을수록 그리움도 살찐다는
테우리 눈빛 뜨거운 가시리 가을 앞에
사려도 사리지 못해

타래치는 내 사랑아

* 서귀포시 표선면 가시리.

가을, 사려니

단풍나무 삼나무가
좌우로 버티고 섰다
유혈목이 허물 같은 오솔길 사이에 두고

빨강과 초록 잎들의
경계가 뚜렷하다

선 너머론
한 발짝도 들일 수 없다는 듯
서로를 마주 보며 갈라선 대치 정국

바람 탄 낡은 구호가
가지 끝에 나부낀다

대물림이 되는 걸까
색과 색이 부딪쳐서
먼 기억 끄집어내는 북받친밭* 가는 길섶

차라리
적록색맹의 눈을 갖고 싶었다

* 1948년 말부터 1949년 3월경까지 수백여 명의 피난민들이 숨어 지낸 제주시 조천면 교래리 소재 4·3유적지. 당시 무장대의 주력이었던 이덕구 부대가 머무르기도 해 '이덕구산전'이라고도 한다.

불不
― 경찰서장 문형순

까마귀만 몰래 찾는 이방인 묘역에서
삘기 꽃 수천 송이 헌화된 빗돌을 본다

감은빛 화산암 대신
화강암에 새긴 이름

피붙이 살붙이 없는 머나먼 섬에 와서
오름 위로 번져 가는 들불 좋이 잠재우려

아니 불不,
그 부적 하나 목숨처럼 품었던가

벌겋게 단 총구마다 바닷물을 끼얹으며
'부당함으로 불이행' 홀로 적던 꼿꼿 사내

그날의 문서는 남아
옛일을 증언하는데

모슬포 성산포를 돌아드는 뱃길 따라
씻김굿 판을 여는 저 난바다 숨비소리

핏빛 놀 씻어낸 하늘
조등처럼 별이 뜬다

산물

제주도 바닷가엔 어디에나 산물이 있다
산에서 내려와서 살아있는 생명수라며
예부터 물 나는 곳에 마을이 들어섰다

밥 짓고 빨래하며 가축 목도 축이는 샘
가뭄에도 끊이지 않고 오래 가는 도두동 오래물과 말물, 자갈 모래 깔린 바다 모살원에서 솟는 이호테우해변의 문수물, 삼별초 피땀 같은 항파두성 장수물, 죽어가는 사람까지 한 모금에 살린다는 김녕리 개웃샘물이 바닷가에서 다시 솟는 푸른 빛 청굴물, 범섬을 바라보는 법환동 두머니물, 조천리 개낭개바당의 수룩물 엉물 도릿물 절간물 두말치물, 현무암 절리 사이 맑게 솟는 금릉리 사은이알물, 일과리 장수원에 마지막 남은 웃동당물, 큰코지와 새똥코지 사이 갯가 조바원에서 용솟음치는 신촌리 조반물 옆 엉창물과 감언물, 마을 사내 어녹이던 하도리 펄개물과 들렁물, 큰 바위 밑으로 시원하게 흐르는 삼양해변 엉덕물과 그 아래 셋다리물, 해녀상이 지키고 선 곽지과물과 뼛속까지 얼어붙는 예래

동 논짓물, 상귀리 구시물과 장수물, 고성리 옹성물, 귀덕리 굼둘레기물, 한수리 동그란물과 솔펙이물, 잊히고 메워진 곤을동 안드렁물…
 이름은 모두 달라도 차갑기는 얼음 같다

 산물 솟는 마을에는 울음도 솟아난다
 지난날 다 못 퍼낸 눈물은 아직 남아
 고사리 물오를 때면 온 섬이 물바다다

 물허벅에 물이 비면 집안이 망한다던
 할망 어멍 삼촌들은 빗돌로만 서 있는데
 그 말씀 빌레를 뚫고 용천수로 솟는다

산천단 곰솔

붉은 깃발 푸른 깃발
다 내린 오름 기슭

등 돌린 마을 향해 축문 외는 솔이 있다
바람결 혀짤배기소리 신음처럼 내뱉으며

누구를 위령하려고
하산 꿈을 접었을까

향기 없는 꽃만 피는 사월의 제단 앞에
지난 일 고해를 하듯 허리 살짝 굽힌 채

산지천 물길로도
끄지 못한 그날의 불길

타고 덴 자리마다 현무암 빛 옹이가 돋아
그늘진 한라의 뒤꼍 보굿만 키웠던가

바늘잎 나란히 세워
비손하는 섬의 봄날

선 굵은 주름살을 나이테로 박제한 채
산천단 늙은 제관祭官들 제향을 또 준비한다

다랑쉬 노을

봉분 같은 오름 사이
불기운이 번져간다

우두커니 홀로 남은 마을 표석 배경으로
못다 끈 가슴속 불길 저렇게라도 토하는지

타버린 집과 밭에 타지 못한 기억들이
뿌리 깊은 억새처럼 봄만 되면 되살아나
화산도 분화의 습성 끈덕지게 잇나 보다

화재신고 빗발쳐도
오지 않는 불자동차

깃 바랜 상복 입은 까마귀만 떼로 와서
무너진 밭담에 올라 이슥토록 곡을 한다

송령이골* 억새

몸빛이 흐려질수록
기억도 가물거린다

파도치던 푸른 힘줄도
바람을 탄 핏빛 함성도

무명빛 봉분들 앞에 다비를 준비할 때

억새라 불러도 좋다
어욱이라 불러도 좋다

넉시오름 능선 따라
한 점 불티로 스러져도 좋다

산사람 붉은 묘비명 고쳐 쓸 수 있다면

* 1949년 1월 10일, 서귀포시 남원읍 의귀리에서 벌어진 토벌대와 무장대 간 교전으로 사망한 무장대의 합동묘역이 있는 4·3유적지.

아끈다랑쉬

세화에서 송당 사이
다랑쉬 아래 아끈다랑쉬

일자무식 까막눈이 난쟁이 홍 씨* 같네
글보다 산과 들의 말 더 많이 알았던 이

소와 말 훑고 부르던 휘파람 소리 위에
어이어이 어 아 흐응~ 노랫가락 더하면
강직된 근육을 풀고 노루도 따라왔네

팔다리가 길지 못해
목숨 줄도 짧았던가

폭낭 곁 연못가의 붉은 종이 주워 들다
코와 입 선지피 쏟고 비명에 갈 줄이야

향기로운 풀과 넝쿨 오름을 다 휘덮어도
마소와 말을 섞던 테우리는 오지 않고

난쟁이 휘파람 같은 바람 소리만 낭자하네

* 세화리 부호의 집에 고용되어 테우리(목동)로 일하던 중 다랑쉬 마을에서 담배를 말기 위해 주운 전단지를 갖고 있다 토벌대에게 '산폭도'로 오인되어 죽임을 당한 홍무경 씨.

이덕구산전*을 찾아서

산밭을 찾아가다
두 번 세 번 길을 잃었다

여긴가, 저기인가 골골샅샅 둘러봐도
위장막 드리운 숲은 속을 열지 않는다

키를 낮춘 조릿대가 아직도 보초를 선
잡목 숲에 웅크린 늙은 노루 한 마리
옛 터의 주인 행방을 그는 알고 있을까

들 수도 날 수도 없는 금단의 구역에서
눈이 녹길 기다리며 가슴에 숯을 피우다
쓰러진 움막 속에서 연기가 된 사람들

침묵에 빠진 산은 아무려나 말이 없고
지난봄 고사리마에 글썽해진 작은 개울

발밑의 삭정이들만

딱총 소릴 내고 있다

* 제주시 조천면 교래리 소재. 제주 4·3 당시 인근 마을 주민들이 숨어 지내던 곳. 유격대 대장이었던 이덕구가 부대를 이끌고 주둔하다 최후를 맞기도 했다. '북받친밭'이라고도 한다.

북받친밭

도랑물 해자를 두른 절벽 위 분지에서
훈련 잘된 초병 같은 청미래덩굴을 보네

전쟁이 끝났단 소식
아직 듣지 못한 걸까

사기그릇 조각들이 풀숲에 몸을 숨기고
사람의 자취마저 땅에 묻힌 산속 빈터

무너진 움막 돌담만
옛 한때를 증언하네

바람조차 들지 않는 이 깊은 숲에 들어
단 한 번 열매 맺고 말라 죽는 조릿대처럼

결연히 목숨과 바꾼
낡삭은 깃발 하나

온대성 초목들이 지난 상처 기워가고
선불 맞은 자리마다 초록 도장 찍는 사월

봄볕에 몸을 푼 섬이
말문을 트고 있네

영하의 여름

주인 잃은 초집 몇 채 불에 탄 그날 이후
마을 안길 올레마다 금줄이 내걸렸다

까마귀 울음소리가
총소리에 묻혔다

돋을볕 등에 지고 군인들이 다녀가면
어스름에 몸을 숨긴 산사람이 찾아왔다

밤과 낮 경계를 따라
핏빛 노을이 번졌다

추깃물에 젖은 밭은 모른 채 버려둬도
들나물과 고구마가 절로 절로 자라났다

굶어도 그 밭엣것을
캐는 이는 없었다

한 줄기 바람에도 목덜미가 서늘해져
이름이 불릴 때면 소름이 돋는 날들

개들도 눈만 굴리며
입을 굳게 닫았다

조간대

중산간 마을들은 조간대가 되어 갔다
하루 두 번 어김없이 밀썰물 갈마들 듯
태양의 걸음을 따라 달라지던 발소리

노을빛 스러지면 산 그림자 내려왔다
씨감자 한 톨까지 자루에 쓸어 담곤
사내란 사내는 모두 산으로 데려갔다

어둑발이 물러서면 불길이 치솟았다
구들을 들어 엎고 마루 밑도 들쑤시며
초집에 성냥을 그어 태우던 밤의 자취

이름까지 지워진 채 터만 남은 마을에는
무너진 돌담 위로 억새꽃이 흐드러지고
아련한 파도 소리만 소문처럼 떠돌았다

다섯 그루 팽나무

한날한시 온 마을이
제지내는 일월 북촌

비손하듯 씻김하듯 당팟당을 찾아간다
팽나무 다섯 그루가 신당 차린 작은 언덕

총소리 비명소리 나이테에 새긴 나무
화신도 불의 시간 피돌기로 재워기며
검은 돌 흉터 자국도 초록으로 감싸왔다

납작 엎딘 서우봉에 붉덩물이 번질 때면
옹이마다 되살아나는 그 겨울의 환상통
숨죽인 흐느낌 같은 물소리도 들린다

봄 되면 일어서라
일어나서 증언하라

바다를 건넌 바람 귀엣말로 속삭일 때
규화석 껍질을 벗고 우듬지를 세운다

제4부

누가 누굴 벌줄거나?

엉또폭포

핏빛 동백 뚝뚝 지면
가슴은 늘 타들었다

눈물이 없어
눈물이 없어
더 쏟아낼 눈물이 없어

겉마른 사월 계곡에
몰래 뱉는 속울음

물허벅에 물이 비면
집도 절도 망한다고

그예 젖은 눈빛들이
남녘 하늘 우러를 때

일찍 온 고사리마가
화산섬을 적신다

* 시집 『완바라기』에 수록된 동명의 작품을 개작하였음.

가을, 항파두리

불화살을 쏘아댄다
참빗살나무 붉은 잎이

가으내 여문 햇살 채질하는 오름 기슭
바람도 올레를 따라 들메끈을 조이고

몇 가닥 거미줄에도 발이 채는 서툰 산행
잊힌 야사 캐내려다 목이 쉰 까마귀가
토성 안 순하게 엎딘 봉분 하나 굽어본다

음복술에 취했을까
불콰해진 길섶마다

알알이 뭉쳐 영근 천남성 붉은 열매
삼별초 독기가 서린 몸피를 부풀린다

해 저문 단풍 숲에 환영처럼 이는 불길
까치놀 먼 바다로 향불 연기 타래칠 때
잘 벼린 언월도 같은 초승달이 내걸린다

알뜨르 개망초

한 시대 봉분 같은 격납고 지붕에서
고향으로 가지 못해 귀화한 꽃을 본다
개망초 하얀 꽃잎이 여름에도 몸을 떤다

통곡의 바람소리 지하 벙커 울릴 때면
무심히 찍고 가는 저 무채색 발길 향해
뒤늦은 참회의 촛불 목숨처럼 받들고

걸낫과 괭이 앞에 숨을 곳이 있었던가
예비검속 들불에도 꽃대 세운 헛된 나날
내리막 팔월 땡볕이 노을 속에 저문다

활주로 걷은 들녘 초록 물결 파도치고
섯알오름 까마귀도 검은 상복 벗고픈지
이끼 낀 밭담에 앉아 노인성을 쫓고 있다

무명천할머니길*

피를 쏟는 절규에도
하늘은 늘 침묵했다

검은 돌담 넘나드는 무심한 바람 앞에
얼룩진 무명천 같은 시간이 멈춘 골목

파도치는 새벽마다
귀청을 찢는 총성

욱신대는 그날의 기억 빈 턱에 도질 때면
방울져 흐르는 침을 눈물처럼 떨구었다

입을 막고 산다는 건
제 상처를 감추는 일

소스라치게 꿩이 우는 봄 산을 뒤로한 채
때 절은 붕대 하나로 반세기를 버티는 일

골목 어귀 이정표가
재우치는 겨운 걸음

상처 많은 백년초에 까치놀이 내릴 동안
바다는 낮술에 취해 피몸살을 앓고 있다

* 제주시 한림읍 월령리 진아영 할머니 집터로 이어진 마을 안길.

만벵듸 묘역에서

청맹과니 눈어림에 하늘마저 눈을 감던

전장보다 참혹한 밤이 오름 아래 묻혀있다

술 한 잔
메 한 그릇이 쓸쓸히 받든 봄날

대정 들녘 밭담들이 총소리에 무너지고

칠성판을 쪼아대던 그 새벽 까마귀 울음

만벵듸*
공동묘역에 이명처럼 울려온다

* 1950년 8월, 대정읍 섯알오름에서 집단 학살된 예비검속자 공동장지.

백조일손지묘*

남북전쟁 새된 총성
섬에 미처 닿기도 전

군용트럭 짐칸에서 유언장을 쓰던 그 밤

코 닳은 검정 고무신
어둠 속을 배회했네

누구는 낯이 붉어
누군 또 옷이 빨개

예비검속 장부 속에 포승줄로 묶인 이름

무명無名의 백골이 되어
대정 벌에 묻혀있네

* 1950년 칠석날(8월20일), 섯알오름에서 희생된 예비검속자들로 '백 명이 넘는 사람들이 한날한시에 죽어 누구의 시신인지도 모르는 채 같이 묻혀 무덤도 같고, 제사도 같이 치르니 그 자손은 하나다'라는 의미. 서귀포시 대정읍 상모리에 이들의 공동묘역이 있다.

너븐숭이*

납작 엎딘 옴팡밭에 땅거미가 내려온다
뜨겁게 사태 지던 핏빛 놀도 잦아들고
그날 그 울음소리만 파도로 철썩인다

나부끼는 깃발들이 서릿발로 들뜬 들녘
쓰러져 누운 어미 홑겹 앞섶 파고들던
젖먹이 옹알이마저 돌무덤에 잠이 들고

울지 마라,
말하지 마라
눈물마저 죄가 된다

청맹과니 정낭에도 금줄은 채워지고
민방위 사이렌 소리 허공엔 금이 갔다

그런 밤 북촌 바다엔 된바람이 들끓었다
앵돌아진 까만 밭담 구멍 뚫린 가슴마다
쑥은 또 풀빛 새살을 심지처럼 돋우는데

한라의 등줄기에 피가 도는 사월이면
동백과 철쭉꽃이 왜 그리 붉은지를
빗돌 밑 순이 삼촌이 귀엣말로 일러준다

* 제주 4·3 당시 단일규모 최대의 인명피해로 기록된 북촌대학살의 현장.

너븐숭이 애기무덤*

꽃 피는 봄이 아닌 꽃이 지는 봄이라니!
동백 숲 어름에서 스러져간 꽃잎, 꽃잎
궂은비 내리는 바다
젖은 가슴 또 젖는다

씨방 한껏 부풀리던 지난 계절 뒤꼍에서
봉오리도 벌기 전에 꺾여버린 어린 꽃대
바람이 바람을 끌고
서우봉을 넘는다

오늘도 저 하늘엔 달과 별 뜨고 지고
기억 잃은 들녘에도 벌 나비 날아든다
여전히 말문을 닫고
쳇바퀴만 도는 해

바닷물도 멍이 드는 그 사월 다시 오면
살 에는 눈보라도 *끄느름한* 빙점도 뚫고
아이야, 꽃으로 피어라

천년토록 붉을 꽃

* 제주시 조천읍 북촌리 너븐숭이 4·3기념관 앞에 돌 몇 개로 표시해놓은 애기무덤이 있다.

북촌 오돌또기

어디로,
어디로 갔나
쌔고 쌨던 오분자기
참전복만 득시글한 다려도 양식장엔
허기진 불가사리 떼 촉수 세워 몰려든다

굽이치는 물결 앞에 뿌리를 박고 서도
오목가슴 시릴 때면 쓸리고 깎이는 몸
돌빌레 구멍 난 시간 물기 언제 마를까

 뫼비우스 띠로 감긴 파도 소리 애달파라
 식민의 겨울 딛고 일어선 봄날마저 죽창에 찔리고 쇠창에도 마구 찍혀 땅속으로 꺼졌던가 하늘로 솟았던가, 한라산 꼭대기에 실안개 돈 듯 만 듯 썰물 진 모래톱에 궂은비 온 듯 만 듯 둥그래 당실 둥그래 당실 돌아보면 꿈만 같고 묶지 못한 옷고름같이 두서없는 옛이야기 어디 한 번 풀어나 보자
 따개비 젖은 울음이 숨은 여에 그득하다

산으로 간 남자들은 이름마저 불에 타고
들에 엎딘 여자들은 바다에 던져졌다
해마다 정월만 되면 넘쳐나는 제삿밥

사라진 발자국들 물속 깊이 잠겼을까
쉼 없는 자맥질에 숨이 가쁜 잠녀 할망
서우봉 넘은 바람이 애기무덤 훑고 간다

감장 못한 주검들이 감저 지슬 키운다는
검은 밭담 둘러쳐진 너븐숭이 옴팡밭엔
빗돌만 외롭게 누워 숨비소리 캐고 있다

곤을동*을 지나며

정낭 대신 쇠사슬이 걸음을 막는 올레
세간붙이 하나 없는 무너진 돌담 안엔
개망초 억새 무리가 주인 행세 하고 있다

장마가 끝났는지 화북천도 말라 있다
야윈 등 드러낸 채 닳아가는 검은 돌들
개울이 바다가 되면 사람들이 돌아올까

물이 사철 고인 땅은 눈물이 많다지만
속으로만 울다 울다 눈물샘이 막힌 마을
냇둑 길 우회로 너머 붉은 해가 저문다

언제나 노을 앞에선 제 키를 낮추는 섬
그날의 불길 같은 까치놀이 뜨거워져
별도봉 아랫도리가 파도 소리에 젖는다

* 제주 4·3당시 불타 없어진 제주시 화북동의 잃어버린 마을.

서우봉 휘파람새

바람 드센 섬에서는 파도에도 멍이 드나
가파르게 잘려나간 몬주기알 벼랑 아래

근 백 년 멍자국처럼
시퍼렇게 이는 물빛

머리 푼 회리바람 삼각파도 몰고 오면
메밀꽃 핀 물마루에 절을 하는 북촌 바다
대 끊긴 제삿날 아침 파랑경보가 내리고

오래전 탄흔彈痕 같은 진지동굴 구멍마다
비명에 간 휘파람새 울음소리 묻은 뜻은

여태도 참회의 굿판
열지 못한 까닭이다

쥐불놀이

1.
거문오름 검은 숲에 장작불이 활활 탄다

 짐승 같은 바람 소리 살갗을 부풀리고 걸어선 갈 수 없는 굼부리 능선 따라 죽창을 불태우며 한껏 달뜬 불티들이 죄 없는 영혼인 양 별로 뜬 초승 하늘, 모반의 칼날 하나 싸느랗게 걸릴 동안 연착된 봄꽃 서넛 용암굴로 숨어든다, 꾹 다문 입술마다 피어나는 푸른 살기 팽팽하게 일어서는 모들 뜬 눈빛들이 둥 둥 둥 북소리로 가슴골 울려오면 흙빛으로 굳은 낯엔 찬 이슬이 매달리고 비나리 비나리치듯 무릎이 꺾이는 밤

 저 깊은 어둠의 장막 누가 와서 걷을까

2.
시르죽은 잿불마저 자지러진 액막이굿판

숨소리만 설설 끓는 무너진 돌담 사이 밤 도운 불꽃들이 혓바닥을 날름대고 대가 튀듯 콩을 볶듯 작두 탄 총소리가 바리데기 뜀박질로 자정을 밀고 갈 때, 순이 삼촌 원죄까지 대신 업은 애기업개 산철쭉 붉은 꽃술에 하혈 왈칵 쏟아낸다. 시퍼런 바다에 갇혀 갈기 세운 파도의 섬 붉가시 종가시가 파랑주의보 발령하고 천남성 핏빛 열매 독기를 내뿜는데, 박수도 신명도 없는 허튼 굿판 한가운데 낙엽만 쌓여가는 곶자왈 한 굽이를 애면글면 에돌아 온 절뚝발이 그 사월을

 움펑눈 돌하르방도 찌푸린 채 맞고 있다

소드방놀이*

노을의 불티들이 흩날리는 제주목 관아
가마솥 뚜껑 하나 동헌 뜰에 놓여지고
걸궁패 굿장단에 맞춰 북소리가 울린다

떼까마귀 잡설 같은 허튼소리 들어나 볼까

 죽이 익을라몬 아직도 멀었고 그냥 내처 기다리기도 하 심심한께, 빌어묵을, 심심풀이 삼아 소드방놀이나 한판 벌여볼까나? 요놈의 놀이 내력 들어볼라치면 오리汚吏는 쓸어내도 있고 일소해도 있어. 몰아내도 있고 추방해도 있어. 뿌리 뽑아도 있고 근절해도 있어. 자, 그러니 어쩔거나? 빌어묵을, 아주 꼬르륵 증발시켜 버려야제. 펄펄 끓는 가마솥에 달궁달궁 삶아내어 아주 씨알머리를 죽여야제.

 그 생각 장히 좋으나
 허허, 누가 누굴 죽일꼬?

누가 누굴 벌줄거나? 죄 없는 놈 어디 있다고?

내 죄 대신 업은 놈을 어찌 그리 삶아 죽여? 넨장 젠장 별 수 없네. 진퇴양난에 고육지책이라 아궁이에 불을 빼고 식은 불이나 때야것네. 시늉불이나 넣어야것어. 에라, 그것도 번거롭네. 소드방 하나 달랑 놓고 올라가라 해라. 엄살 한 번 되게 피고 죽는 시늉이나 하라 하것다. 허허, 요렇게 솥 찜질은 시늉만 남고 탐관오리 벌주는 일도 껍질만 남고 상징만 남아 허구한 날 아무 말썽 없이 전해 내려오는 것

총 쏘고 뭍으로 내뺀 귀신들
벌 받으며 낄낄대는 꼴이라니…

---

* '소드방'은 '솥뚜껑'을 이르는 제주도 말. 끓는 가마솥에 죄인을 삶아 죽이는 '부형(釜刑)'을 일컫지만, 실제로는 아궁이에 불을 때는 척하면 죄인이 죽는 시늉을 해 보이거나, 심지어는 솥뚜껑 하나 달랑 갖다 놓고 거기에 올라갔다 내려오는 것으로 끝나기도 했음. (※현기영의 동명소설에서 내용 일부 참조).

표선

1.
만났네,
한 여인을 용궁올레 길목에서

섶 풀린 물소중이 높하늬에 나풀대며
볼우물 미소를 캐던 그는 분명 용녀였네

곰살궂은 목소리엔 해조음이 묻어났네
귓바퀴에 찰박대는 물과 뭍의 이야기들
이어도 숨비소리에 내 심장은 뜨거워지고

맑디맑은 눈동자엔 수평선이 어리었네
깊이 모를 동공 속에 윤슬을 풀어놓고
밤에는 별을 끌어와 은하수로 수놓으며

먹보말 한 줌에도 배부르던 신접살이
초가지붕 낙숫물소리 꽃잠을 깨고 보면
수선화 노란 꽃망울 봄을 물고 있었네

2.
떠났네,
그해 사월 갈마바람 드세던 날

어질머리 물마루에 테왁만 남겨둔 채
간다고 아주 가리까, 물어볼 짬도 없이

남해용왕 부름 앞에 짧기만 했던 사랑
가슴에 구멍 뚫린 검은 돌담 올레 너머
세명주 할망당에도 문빗장이 걸렸네

햇살 환한 푸른 날도 파랑은 인다기에
갈매기 무동을 탄 물밑 소식 행여나 올까
망부석 하얀 등대는 그림자가 길어지고

억새도 머리 풀고 비손하는 상달이면
한모살 백사장에 피 토하며 우는 바다
하늘도 노을을 따라 함께 젖고 있었네

제5부

―

혼魂은 땅으로, 백魄은 하늘로

겨울에서 봄으로

바람 앞에 엎드렸던 풀이 다시 일어서네
비척대던 향불 연기도 몸을 곧추세우고
까마귀 날갯깃 위로 청람 빛이 도는 사월

젖먹이 꼭 끌어안은 평화공원 비설상*엔
화산도 뜨거운 숨결 겨울을 녹이고 있네
대지도 함께 달아서 봄을 밀어 올리고

시간의 길을 따라 햇무리로 우는 볕살
뼈를 깎듯 돌에 새긴 일만 삼천 이름들이
귀천歸天의 수의를 입고 잠든 산을 깨우네

넘어진 다음에야 일어나는 법을 알듯
해토머리 거죽 뚫고 초록 눈 틔우는 땅
산 아래 애기동백이 핏빛 가만 거두네

* 제주 4·3 당시 희생된 모녀의 비극을 아기를 꼭 껴안은 모성애로 표현한 4·3평화공원에 있는 조각상. 비설(飛雪)은 '거센 바람에 흩날리는 눈'을 말한다.

검정 고무신
— 섯알오름* 앞에서

별도 달도 검속당한 군용트럭 짐칸 위에

숨죽여 앉아 있던 초롱을 켠 눈빛들이

지상의 마지막 안부, 긴 편지를 적는다

더러는 미안하고 때로는 고마운 일들

먼 훗날 누가 보거든 대신 좀 전해 달라

코 닳은 고무신 밑창에 새기고 또 새기며

핏빛 놀 덮쳐오던 고향 마을 어룽질 때

살아선 전하지 못해 길 위에 남긴 사연

쉰 목청 대정 까마귀 오늘도 전하고 있다

* 1950년 한국전쟁 당시 제주도 대정 지역에서 예비검속을 당한 이들을 태운 트럭이 알뜨르 비행장 쪽으로 향했다. 한밤중 트럭이 신사참배 동산을 지나갈 때 예비검속자들은 죽음을 예감하며 가족들에게 자신들이 가는 곳을 알리기 위해 신고 있던 검정 고무신을 길 위로 벗어던졌다고 한다. 섯알오름 예비검속 희생자추모비 앞에는 검정 고무신이 항상 놓여 있다.

송악산 까마귀

봄이면 깃을 치는 온기 없는 햇살 아래
세월의 각다귀들 까마귀가 떼로 산다
먼발치 섯알오름을 들면 날면 헤집으며

궁근 가슴 죄어오는 저 성찬의 아지랑이
유채꽃 수선화의 예비검속 눈길을 피해
추깃물 고인 연못에 검은 부리를 씻는다

배동바지 보리까락 날갯죽지 파고들 때
어디로 떠났을까, 검정 고무신의 주인들
모슬포 뱃고동 소리 한 척 폐선 깨우고

환해장성 물들이던 핏빛 놀도 잦아들면
만뱅디 백조일손百祖一孫 열어놓은 뱃길 위로
초승 빛 조각배 하나 이어도로 가고 있다

마라도 가는 길

바다는 일주일째
바리케이드를 치고 있다

넋 놓은 사람들의 머리채를 꺼두르며
바람은 메밀꽃 위에 악다구니를 쏟아낸다

길이란 길 죄다 끊긴
이 금단의 해역에서

뭍 소식 기다리며 까맣게 속만 태우다
수평 끝 물마루 아래 납작 엎딘 작은 섬

갈래야 갈 수 없는
섬이 어찌 너뿐이랴

네게로 가는 길은 오늘도 열리지 않고
어느새 낮술에 취한 서쪽 하늘이 불콰하다

물의 딸

할망은 아기상군,
설문대의 딸이었다

해감 못한 거친 날숨 올레에 풀어놓고
하도리 잠녀조합에 빗창을 꽂기 전엔

어멍의 물소중이도
마를 틈이 없었다

무자년 거센 불길 조간대로 번질 때쯤
비로소 불턱에 누워 물숨을 들이켰다

바람 타지 않는 섬이
어디에 있겠냐며

파도치는 물마루에 테왁을 띄우던 이들
그날 그 숨비소리가 망사리에 가득하다

바당이 우는 날엔
나도 따라 물에 든다

중군도 하군도 아닌 똥군이란 별을 달고
할망과 어멍이 좇던 이어도를 캐기 위해

불카분낭*

화산섬 산과 들이 국방색으로 타오를 때
동백꽃 빛 울음들이 돌담으로 막혀 있는
선흘리 초입에 서면 발바닥이 뜨거워진다

마을 안 올레에는 시곗바늘 멈춰 있다
온몸에 화상 입은 후박나무 늙은 둥치가
곰배팔 가지를 벌려 옛 상처를 보듬는 길

곶자왈 용암굴이 연기 속에 무너지고
별빛마저 소스라치던 그 새벽 그 총소리
나이테 헛바퀴에도 정낭을 걸어야 했다

기나긴 겨울 지나 새살 돋는 나목의 시간
숯등걸 덴 가슴에 봄을 새로 들이려는
뼈저린 나무의 생이 핏빛 놀을 털어낸다

* '불에 타버린 나무'라는 뜻의 제주도 토박이말. 제주 4·3 당시 군경 토벌대에 의해 불태워졌다 기적적으로 되살아난 제주시 조천읍 선흘리에 있는 나무.

사라오름

성판악 삼나무 숲에
향불처럼 피는 안개
방부목 계단에 널린 낙엽을 비질하며
바람은 억센 손길로
내 무릎을 꺾는다

마른 떨켜 살을 뚫고
갓 눈 뜬 어린 가지
빛바랜 사초史草 향해 궐기하듯 일떠설 때
까마귀, 오름 까마귀
목구멍이 뜨겁다

수천수만 울음들을
가둬 놓은 저 백록담
언제쯤 이 봉분 앞에 폭포수를 쏟아낼까
그날 그 진달래 꽃빛
사월 하늘 붉히는데

새별오름 방애불

풀이 탄다
어둠이 탄다
가연성 울음이 탄다

비명과 아우성이 접신의 춤을 출 때

광기와
분노를 사르는
장엄한 진혼 축제

태울 것 다 태우고
민둥해진 오름 위로

뜨거운 불티들이 별빛처럼 내리는 들녘

불길에
신명을 지핀
봄이 새로 돋는다

자구내 해넘이

머리 푼 구름들이 먼 하늘로 타래친다
갈지자 높바람에 메밀꽃 핀 포구 너머

흉어기 저녁 바다가
속 빈 매운탕을 끓인다

아흐레 멀미에 지친 차귀도도 드러눕고
거품이 거품 물고 부침하는 냄비 해안

가슴에 구멍이 뚫린
돌덩이만 그득하다

장기부채 고봉밥에 더 허기진 수월봉엔
간신히 수저를 든 창백한 낮달이 홀로

고수레, 고수레하며
별빛 가만 뿌리고 있다

남극노인성

겨울에만 볼 수 있는 남녘의 별이 있다
낙엽 흩는 추분에서 꽃 피는 춘분까지
구명의 벼릿줄처럼 환한 빛을 드리우고

풍어와 장수의 기원 하늘에 매달릴 때
어둠살 낀 수평선에 등댓불을 밝히는 별
멀고 먼 이어도 해역 집어등이 켜지듯

제 모습 다 지우고 소리로만 우는 바다
알도 없고 심도 없이 살아온 목숨 같아
선득한 바람 앞에도 두 볼이 홧홧해진다

해가 진 다음에야 별이 뜨는 법이라며
흰머리 억새들도 손을 가만 모으는 밤
어느새 천구의 축이 봄 쪽으로 기운다

범섬

백두산 호랑이가 한라 앞에 엎드렸다

갈기 세운 파도 떼가 환해장성 넘볼 때면

화산암 주상절리를
이빨처럼 세운 섬

반골의 테우리들 수장시킨 한 사내가

포효하듯 진혼하듯 해식동굴 울려놓고

핏빛 놀 뚝뚝 떨구며
섬을 짚고 일어선다

모슬포

모슬포!
그 말 속엔 그리움이 끓고 있다
적소의 담을 넘던 옛 사내 눈빛처럼
물보다 점성이 높은
까치놀에 젖는 항구

썰물에 쓸려간 이들 밀물지면 돌아올까
바람의 길을 따라 멍 자국이 뵈는 바다
퇴적된 시간의 지층
파도 소리에 잠긴다

가슴이 시린 날은 바닷새가 먼저 안다
시푸른 수평선에 메밀꽃이 피어나면
송악산 해안 절벽에
알을 낳듯 쏟는 울음

알뜨르 까마귀도 목이 쉬는 겨울에는
수장水葬 치른 섬들 앞에 테우 한 척 띄워 놓고

마라도 하늘에 뜨는
남극노인성 쫓고 싶다

해원방사탑 앞에서

뼛속까지 새긴 앙금
털고 씻는 해원 굿판

  비창 쥐고 솔발 흔들며 시왕 맞이 들어간다 절벽 위 소낭머리에서 총 맞아 죽은 영가님들, 표선 한모살에서 혀 빼물고 죽은 영가님들, 성산포 터진목에서 피 터져 죽은 영가님들, 대정 섯알오름에 고무신만 두고 죽은 영가님들, 중문 신사터에서 영문도 모른 채 죽은 영가님들, 큰넓궤 무등이왓 어둠 속에 갇혀 죽은 영가님들 모두모두 나오셔서 술이나 한잔 받으시오. 거동 불편한 하르방과 할망들, 꽃다운 삼촌들, 이름조차 호적부에 올리지 못한 물애기까지 저 악독한 총칼 앞에 그 뜨거운 들불 앞에 원통하게 스러져 갔나이다. 허공중에 흩어진 영혼 짓이기져 뒤엉킨 육신 제대로 감장하지 못해 불효 천년을 간다는데 무시로 도지는 이 오랜 설움 앞에 행여 누가 들을까 울음조차 속으로만 삼키던 무정한 세월이여, '살암시난 살아져라' 위안 삼아 버틴 시간이여, 앙상한 어욱밭 방애불 질러 죽이고 태웠어도 뿌리까지 다 태우진 못하는 법. 봄이면 산과 들에 삐죽이 새순 돋지 않던가요, 풀 건 풀고 태울 건 태우고 조질 건 다 조져드릴 테니 혼魂은 땅으로 가고 백魄은 하늘로 가서 이제 그만 원怨도 한恨도 남김없이 푸시옵기를*…

  징 소리 꽹과리 소리
  탑을 따라 돌고 있다

---

* 서귀포시 남원읍 수망리의 제주 4·3 희생자 공동묘역인 현의합장묘(顯義合葬墓) 묘비명 일부 차용.

한라산 철쭉제

누가 봄날 어리목에
화투패를 돌리는가

흑싸리 쭉정이만 들고 나는 고스톱판

저마다 뒷짐을 진 채
광팔이를 꿈꾸네

먹을 게 없는 판엔 비풍초를 버리라며
똥삼팔 움켜쥐고 일타 쌍피 겨냥해도
끝끝내 반전의 패는 일어나지 않는데

타짜입네 자부하던
철새들도 떠난 산엔

되살아난 붉은 꽃불 덴 상처 들쑤시고

늙다리 텃새 한 마리
오름 앞에 절을 한다

■ 해설
4·3의 '역사적 서정'과
씻김의 해원상생굿

고명철
문학평론가 · 광운대 교수

언 가슴을 후려치던 혹한의 바람 소리
점점이 붉은 피꽃이 눈꽃 속에 피어났다

산으로 간 사람들은
돌아올 줄 모르는데

먼 봄을 되새김하듯 겨울은 다시 와서
곱다시 뼛가루 같은 하얀 눈이 내린다
―「그해 겨울의 눈」 중에서

1. 제주의 봄을 순례하는

 겨울이 가고 어김없이 봄은 찾아온다. 맵짜한 겨울의 바닷바람이 몰아치던 섬은 이내 남녘으로부터 불어오는 훈풍의 사위에 섬의 곳곳을 간지럽히는 새 생명의 몸짓으로 활력을 얻기 시작한다. 섬의 봄은 마땅히 이러한 모습이

자연스럽다. 이것은 계절의 순환에만 해당되는 게 아니라 섬 사람들이 살고 있는 일상과 역사도 예외가 될 수 없다. 그런데 제주의 봄은 어떤가. 임채성의 이번 시집에서 단호히 말하듯, "봄 되면 일어서라/ 일어나서 증언하라"(「다섯 그루 팽나무」)의 시구는 제주의 봄을 압살하고 구속한, 부정한 것에 대한 저항과 해방의 정념을 나타낸다. 비록 역사의 정명正名을 얻지는 못했으나, 임채성의 시집 바탕에는 해방공간의 제주 공동체에서 분연히 떨쳐 일어난 4·3항쟁의 주체뿐만 아니라 이와 분리할 수 없는 제주의 자연과 일상에 대한 순례(또는 답사)의 시적 수행으로 이뤄져 있다. 그리하여 그의 이번 시집에서 눈여겨볼 것은 "무너진 산담 앞의 풀꽃들과 눈 맞추며/ 4·3조, 때론 3·4조로 톺아가는 제주올레"를 함께 걸으면서, "온몸에 흉터를 새긴 현무암 검은 돌담/ 섬 휩쓴 거센 불길에 숯검정"을 묻힌 "팽나무 굽은 가지가 살풀이춤 추"(「올레를 걷다」)며, 섬의 상처를 응시·위무·치유하는 시의 감응력이다. 이것은 '시인의 말'에서, "씻김의 해원상생굿 그 축문을 외고 싶다"는, 이번 시집을 관통하고 있는 시적 재현으로 실감된다. 여기에는, "죽어서 할 참회라면 살아서 진혼하라// 산과 들 다 태우던 불놀이를 멈춘 섬이// 지노귀 축문을 외며/ 꽃상여를 메고 간다"(「제주 동백」)가 함의하듯, 4·3항쟁의 영령들에 대한 축문으로서 시 쓰기의 진혼이 이승에서 봄의 새 생명의 불길을 타오르게 한다.

2. 4·3의 '역사적 서정'을 벼리는

우선, 톺아보아야 할 것은 4·3의 시적 감응력이 생성하는 역사적 서정의 면모다. 그동안 축적한 4·3시문학사에서 4·3의 역사적 진실은 각 시인의 시적 개성과 조우하면서 4·3문학의 존재 가치를 입증하고 있다. 임채성의 이번 시집도 그 몫을 충실히 수행한다. 그러면 4·3의 '역사적 서정'을 벼리는 그의 시적 재현을 주목해보자.

>산새도 바닷새도 사월엔 노래를 접네
>피멍 든 동백 꽃잎 검게 지는 섬의 봄날
>삽시에 터지는 울음
>이른 장마 예보하네
>
>사라지는 이름들과 살아지는 빗돌 사이
>술 한 잔 받지 못한 봉인된 산담 앞에
>그 누가 하얀 뻘기꽃
>몰래 피우고 갔을까
>
>한라산 고사리는 제사상에 올리지 마라
>핏물과 추깃물에 살진 그 몸 씻으란 듯
>하늘도 정수리 위로
>동이물을 쏟고 있네
>— 「고사리장마·3」 전문

「고사리장마·3」에는 임채성 시인이 벼려낸 4·3의 역사적 서정을 향한 시의 적공積功이 고스란히 투영돼 있다. 그것은 제주의 기후적 특성을 가리키는 '고사리장마' 철, 즉 제주의 오름과 한라산 중산간 지천에서 올라오는 고사리의 계절 4월이 지닌 역사의 상처를 응시하는 데 있다. 아직 본격적 여름 장마로 접어들지 않았음에도 불구하고 제주의 봄에 자주 내리는 비를 맞으며 자라난 고사리를 볼 때마다 4·3의 역사가 포개진다. "삽시에 터지는 울음"이 표상하는 것처럼 4·3 무렵 제주는 창졸지간 엄습한 죽음 앞에 예禮를 갖춘 곡哭소리를 하긴커녕 제주 섬 전체가 주체할 수 없는 충격에 휩싸인 채 한꺼번에 목놓아 울음을 터트린다. 이렇게 죽은 자와 산 자를 갈라치는 역사의 광폭함은 "사라지는 이름들과 살아지는 빗돌"이란 시구를 통해 4·3의 역사적 실재를 단적으로 드러낸다. 얼마나 많은 존재들이 가뭇없이 소멸하고 사라졌는가. 그러면서 그 사라짐의 자리를 대신하여 어떤 존재는 '살아지는' 삶의 조건을 누렸던가. 그렇게 시인은 제주가 '사라지고[滅]'와 '살아지는[生]'의 오묘한 존재론적 대위를 4·3의 역사 속에서 현존하고 있음을 살핀다. 더욱이 이러한 '살아짐[生]'과 '사라짐[滅]'의 자연스런 이치 속 "핏물과 추깃물에 살진" 고사리를 제사상에 함부로 올리지 말 것을 당부하는 가운데 하늘의 동이물, 즉 '고사리 장마'로 이 모든 부정한 것을 정화시키고자 한다. 「고사리장마·3」은 그러므로 4·3에 대한 역사적 상처를 응시하되 그 전대미문의 역사적 상처가 제주의 생과 멸이란 대위적 관계에서 어떻게 현존하고 있는지, 그리고 이 모든 부정한 것들이 제주의 온전한 생명으로서 치유될 수 있고, 그래야 한다는, 역사적 전망에 미치는 역사적 서정의 감응력을 보인다.

그런데 임채성의 이러한 4·3의 역사적 서정에 한층 주시하고 싶은 것은 4·3과 직결된 역사의 시공간에 자족하지 않고 제주의 역사 이전 선사시대를 포용하고 있다는 점이다. 시인은 제주의 선사시대 유적지 중 빌레못굴을 주목한다. 「빌레못굴 연대기」에서 시인은 "역사의 앞마당에 들지 못한 기억들"에 촉수를 세우고, 신화와 전설 시대의 구연적口演的 진실을 경청하며, 제주의 원시문명과 그것에 연원하는 기록되지 않는 또 다른 역사에 대한 새현의 상상력을 감행한다. 그리고 4·3 무렵 제주 민중을 향한 국가적 폭력으로 "빌레못에 갇혀 우는 시간"의 폐색閉塞에 함께 아파하고 분노한다. 그러면서 빌레못굴로 표상되는 제주의 연대기에 대한 온갖 삶의 실재와 진실을 곡진하고 정성스레 천지신명께 시 쓰기의 축문으로 고告하고 싶다. 이렇게 4·3의 역사적 서정은 절로 웅숭깊어진다.

> 식민지 흉터 위에 막소금을 뿌리던 땅
> 야만의 어둠 걷는 별은 아직 희미해도
> 다시금 새봄을 여는 저 야성의 숨비소리

빗돌 하나 겨우 세운 굴은 차츰 무너져도
수평선 휘적시는 까치놀의 문신 같은
동굴 속 연대기 한 장 축문 짓듯 쓰고 싶다
― 「빌레못굴 연대기」 부분

  시인에게 빌레못굴은 제주의 선사시대 유적지 중 하나에 불과한 것이 결코 아니다. 빌레못굴에서도 제주 민중이 4·3 당시 학살을 당한 데서 알 수 있듯, 선사시대부터 고대와 중세를 거쳐 현대에 이르기까지 빌레못굴이 겪은 연대기적 상처와 고통은 제주의 그것이나 다름이 없다. 따라서 제주의 역사적 서정은 「빌레못굴 연대기」를 통해 시적 재현의 감응력 면에서 보다 그 깊이를 확보한 셈이다. 여기서, 빌레못굴이 제주 민중의 수난 못지않게 새로운 삶의 정동으로 충만해 있다는 시적 상상력을 간단히 치부해서 안 된다("다시금 새봄을 여는 저 야성의 숨비소리"). 말하자면, 역사적 서정의 두 측면(수난과 항쟁)에 대한 시적 재현으로서 감응력을 주목해야 한다.

3. 4·3의 '수난과 저항'을 다시 응시하는

  '수난과 항쟁'으로서 4·3의 역사적 서정을 다시 살펴보는 것은 매우 요긴하다. 우선, 수난의 시적 재현 중 다음을 주시하지 않을 수 없다.

―혼저옵서, 예꺼정 오젠 춤말로 폭삭 속았수다
　　―무시기? 속긴 뭘 속아, 그딴 말에 내래 쉬 속간? 재별스런 말튀 쓰는 니는 뉘기야? 어드래 뽕오라지서 실실 내려옴둥? 날래 답해 보라우, 뉘기랑 있다 왔슴둥? 순순히 알쾌주먼 안 삽하게 놔 주갔어
　　―메께라! 무사 말이우꽈? 경 또리지 맙서
　　　　　　　　　　　　　　　　　　―「바벨의 섬」부분

　굳이 위 대목을 시로 인식하지 않는 한 소설 또는 극 대본의 대사라 해도 무방할 정도로 종래 낯익은 시의 관습적 표현과 구분된다. 하지만 이 또한 엄연한 시적 표현으로 손색이 없다. 위 대목은 극적 형식을 띠고 있는 바, 언어에 민감하지 않은 독자인 경우 위 대사들의 차이를 발견하기 힘들다. 사실 위 대사는 제주어와 평안도어로 구성돼 있는데, 시의 맥락상 4·3 토벌대인 서북청년회(평안도어)의 제주 민중에 대한 억압·통제·감시·처벌로 작동하고 있다는 것을 확연히 알 수 있다. 따라서 시인은 해방공간에서 국가권력을 참칭한 서북청년회가 제주 공동체에 수난을 안겨준 의사疑似 권력의 공포와 위협의 실재라는 점을 예의주시한다. 그런데 이 공포와 위협은 사람에게만 해당되지 않는다. "개들도 눈만 굴리며/ 입을 굳게 닫았다"(「영하의 여름」)는 시구에서 읽을 수 있듯, 예의 공포와 위협은 제주에서 살고 있는 모든 존재마저 집어삼켰다. 이것은 제주 공동체와 자연과 뭇 존재들을 대상으로 휘몰아친 역사

의 광풍 때문으로, 무엇보다 순진무구한 아이들의 죽음은 인간의 비극적 체험과 상상력을 넘어선다.

> 바닷물도 멍이 드는 그 사월 다시 오면
> 살 에는 눈보라도 끄느름한 빙점도 뚫고
> 아이야, 꽃으로 피어라
> 천년토록 붉을 꽃
>
> ―「너븐숭이 애기무덤」 부분

작가 현기영의 소설 「순이 삼촌」의 작중인물 '순이 삼촌'이 기적적으로 살아난 북촌리 옴팡밭 일대 너븐숭이에 널린 주검 중 아이의 작은 돌무덤들이 흩어져 있다. 역사의 광풍은 북촌리 아이들을 죽음의 영계로 내몰았지만, 시인에게 이들 아기무덤은 그때 그곳에서 일어난 역사의 참극을 "천년토록 붉을 꽃"의 증언으로 존재하는 역사적 장소로 상기된다. 그리고 이곳은 "감장 못한 주검들이 감저 지슬 키운다는/ 검은 밭담 둘러쳐진 너븐숭이 옴팡밭엔/ 빗돌만 외롭게 누워 숨비소리 캐고 있"듯(「북촌 오돌또기」), 국가폭력에 의한 수난의 역사적 진실이 「순이 삼촌」의 문학비에 새겨져 남아 있는 곳이다.

그런데, 우리는 이러한 수난과 함께 4·3항쟁의 역사적 진실을 향한 시적 재현을 주목하지 않을 수 없다. 가령, 다음의 시를 음미해보자.

아버지는 집에 남은 돼지만 생각하셨다

삼촌들은 캐지 못한 고구마가 걱정이었다

동네가 다 모였다며 하르방은 웃으셨다

거적을 깐 바닥에선 겨울이 스멀거렸다

서로 맞댄 등마루가 온돌처럼 따스했다

어둠 속 초롱한 눈빛, 별을 닮아 있었다
—「목시물굴의 별」 부분

 촌각을 다투며 공포와 두려움을 피해 목시물굴에서 피난살이를 하는 마을 사람들이지만 그들의 관심사는 온통 피난살이 전 일상을 어떻게 하면 다시 살 수 있을 것인가 하는 고민뿐이다. "집에 남은 돼지만 생각하"는 아버지와 "캐지 못한 고구마가 걱정"인 삼촌들과 이런 일상의 근심거리를 심드렁히 내뱉는 마을 사람들에게 모처럼 "동네가 다 모였다며" 웃는 동네 "하르방" 등 이들의 저 낙관적 삶의 태도는 현실과 비현실이 중첩해 있다. 그만큼 마을 사람들의 일상이야말로 역사와 분리되지 않는 삶의 실재로서 매우 중요한 가치 그 자체다. 딱히 중산간 지역에 국한시킬 필요 없듯이 돼지와 고구마는 제주 공동체의 삶 속에서 먹거리 이상의, 바꿔 말해 식량으로서 역할뿐만 아니라 제주의 생태문화적 및 사회존재론적 바탕을 이룬다 해도 과언이 아닐 만큼 제주 삶문화의 고갱이다. 따라서 마을 사람들이 아무리 피난살이를 하면서도 제주의 이런 일상에서 놓여날 수 없다. 이것은 역설적으로, 피난살이는 일상으로 돌아가기 위해 마을로부터 잠깐 떨어져 산다는 것일 뿐 제주 민중들에게 산속과 굴속 피난살이는 4·3의 수난을 피해 이것을 이겨낼 극복과 저항의 삶으로 간주된 것은 너무나 자연스러운 일이다. 그리하여 "어둠 속 초롱한 눈빛, 별을 닮아 있었다"란 시구에서 우리는 마침내 4·3 항쟁 주체의 역사적 분투를 징후적으로 대면한다.

> 집을 잃은 삼촌들은 다시금 길을 잃고
> 설문대 할망을 찾아 산으로 올라갔다
>
> 몇 차례 해를 바꿔 산신당에 봄이 와도
> 산에 든 사람들은 그대로 산이 됐는지
> 그 봄날 꽃불만 같은 진달래만 붉었다
> ─「그리하여 그들은 산으로 갔다」 부분

> 된바람 기척만 나도 머리를 풀던 구름
> 한라산 고사리밭에 용울음을 쏟을 때면
>
> 속까지 타버린 섬이
> 불을 물고 일어선다
> ─「그래도, 봄」 부분

4·3항쟁에 동참하기 위해 제주 민중들은 산에 올라 산부대가 된다. 비록 토벌대의 무자비한 진압에 맞서 최후까지 싸우며 "쓰러진 움막 속에서 연기가 된 사람들"(「이덕구 산전을 찾아서」)일지언정 그들은 "화산 밑 마그마처럼 마르지 않는 눈물샘"(「건천」)을 지닌 제주 특유의 건천乾川의 생명력을 지닌다. 왜냐하면 현상적으로 패배했지만, 4·3항쟁의 주체들이 모색했던 조국의 평화적 통일독립의 새 세상을 향한 영구 혁명의 꿈은 여전히 궁리되고 있기 때문이다. 이것은 임채성 시인의 「불카분낭」에서 재현의 대상이 된 '불카분낭(표준어로 '불에 타버린 나무')'의 심상을 몇 번이나 반복하여 읊조려야 할 이유다.

> 기나긴 겨울 지나 새살 돋는 나목의 시간
> 숯등걸 덴 가슴에 봄을 새로 들이려는
> 뼈저린 나무의 생이 핏빛 놀을 털어낸다
> ―「불카분낭」 부분

4. 4·3 해원상생굿의 시적 연행성

시집 한 권 전체가 4·3의 역사적 서정에 초점이 맞추어져 있다. 시인은 4·3 무렵 수난과 항쟁의 도정에서 제주 민중들의 희생을 향한 곡진한 애도의 심상을 중심으로 4·3 영령들을 위한 지노귀 굿판에서 소용될 축문을 시 쓰기로 수행한다. 그래서 시집의 수록된 모든 시편은 어느

예외일 것도 모자랄 것도 없이 4·3 해원상생굿으로서 시적 연행성을 훌륭히 소화하고 있다. 이것은 시집의 맨 마지막에 이르러, 시인의 전략적 시편 배치를 주목하도록 한다.

> 뼛속까지 새긴 앙금
> 털고 씻는 해원 굿판
>
> 비창 쥐고 솔밭 흔들며 시왕맞이 들어간다 절벽 위 소낭머리에서 총 맞아 죽은 영가님들, 표선 한모살에서 혀 빼물고 죽은 영가님들, 성산포 터진목에서 피 터져 죽은 영가님들, 대정 섯알오름에 고무신만 두고 죽은 영가님들, 중문 신사터에서 영문도 모른 채 죽은 영가님들, 큰넓궤 무등이왓 어둠 속에 갇혀 죽은 영가님들 모두모두 나오셔서 술이나 한잔 받으시오. 거동 불편한 하르방과 할망들, 꽃다운 삼촌들, 이름조차 호적부에 올리지 못한 물애기까지 저 악독한 총칼 앞에 그 뜨거운 들불 앞에 원통하게 스러져 갔나이다. 허공중에 흩어진 영혼 짓이겨져 뒤엉킨 육신 제대로 감장하지 못해 불효 천년을 간다는데 무시로 도지는 이 오랜 설움 앞에 행여 누가 들을까 울음조차 속으로만 삼키던 무정한 세월이여, '살암시난 살아져라' 위안 삼아 버틴 시간이여, 앙상한 어욱밭 방애불 질러 죽이고 태웠어도 뿌리까지 다 태우진 못하는 법. 봄이면 산과 들에 삐죽이 새순 돋지 않던가요, 풀 건 풀고 태울 건 태우고 조질 건 다 조져드릴 테니 혼魂은 땅으로 가고 백魄은 하늘로 가서 이제 그만 원怨도 한恨도 남김없이 푸시옵기를…

징 소리 꽹과리 소리
탑을 따라 돌고 있다

—「해원방사탑 앞에서」전문

해원방사탑 앞에서 '해원 굿판'이 펼쳐진다. 2연에서 구술 연행되고 있는 심방의 사설은 이 시집 곳곳에서 노래되고 있는 임채성 시인의 시적 재현들의 흡사 알집 파일과 같은 것을 보여준다. 원통하게 스러져간 삼 만의 영혼들을 위무하고 애도하며, 그들에게 맺혀 있는 것을 풀어주는 한바탕 신명난 굿판이 겨냥하고 있는 것은 "살암시난 살아져라(표준어로 '살고 있으면 살게 된다')"가 지닌 삶의 무한한 저력이다. 그리하여 우리는 시인과 함께 해원방사탑을 돌며 4·3영령들의 원한을 씻겨낼 뿐만 아니라 죽은 자와 산 자가 함께 염원하는 평화로운 세상에서 복락을 누리기를 간절히 비손하며 축원한다. 따라서 이 해원의 굿판은 "시르죽은 잿불마저 자지러진 액막이굿판"(「쥐불놀이」)은 물론, 제주의 곳곳에서 야만의 악무한을 저지른 반생명적 폭력에 대한 "참회의 굿판"(「서우봉 휘파람새」)으로서 "광기와/ 분노를 사르는/ 장엄한 진혼 축제"(「새별오름 방애불」)와 결코 무관하지 않다. 그리하여 "시나브로 귀에 이는 그날의 아우성들/ 가슴속 서로의 멍울 다독이고 쓸어주며/ 지노귀 지노귀새남"(「정방폭포 지노귀」)의 굿판은 제주 민중의 토착적 모더니티를 수행하는 구술 연행으로서 대중

성과 민중성을 보증한다.

    그렇다. 아직도 귓전에 이명으로 남아 떨림을 동반한다. 4·3의 역사적 서정과 조우하는 임채성의 씻김굿의 해원상생굿 축문, 그것의 시적 재현이 묘한 시의 감응력을 배가하고 있음을……..

열/린/시/학/정/형/시/집 187

메께라

초판 1쇄 발행일 · 2024년 03월 30일

지은이 | 임채성
펴낸이 | 노정자
펴낸곳 | 도서출판 고요아침
편   집 | 정숙희 김남규

출판 등록 2002년 8월 1일 제1-3094호
03678 서울시 서대문구 증가로 29길12-27, 102호
전화 | 302-3194~5
팩스 | 302-3198
E-mail | goyoachim@hanmail.net
홈페이지 | www.goyoachim.net

ISBN 979-11-6724-190-0(04810)
ISBN 978-89-6039-728-6(세트)

*책 가격은 뒤표지에 표시되어 있습니다.
*지은이와 협의에 의해 인지는 생략합니다.
*잘못된 책은 교환해 드립니다.

*** 이 책은 경기도, 경기문화재단의 지원을 받아 발간되었습니다.**

ⓒ 임채성, 2024